OFFICE

DE LÉGISLATION ÉTRANGÈRE

ET

DE DROIT INTERNATIONAL

FONDÉ À PARIS EN 1876

INVESTI DE LA PERSONNALITÉ CIVILE EN 1908

PARIS

IMPRIMERIE NATIONALE

MDCCCCX

OFFICE

DE LÉGISLATION ÉTRANGÈRE

ET

DE DROIT INTERNATIONAL

OFFICE

DE LÉGISLATION ÉTRANGÈRE

ET

DE DROIT INTERNATIONAL

FONDÉ À PARIS EN 1876

INVESTI DE LA PERSONNALITÉ CIVILE EN 1908

PARIS

IMPRIMERIE NATIONALE

MDCCCCX

SOMMAIRE.

OFFICE
DE LÉGISLATION ÉTRANGÈRE
ET
DE DROIT INTERNATIONAL.

I

HISTORIQUE.

L'idée de créer une institution officielle chargée de réunir, de traduire et de mettre à la disposition du public les lois étrangères est assez ancienne en France.

Sans remonter jusqu'à l'ancienne Monarchie où, d'après les almanachs royaux du xviii° siècle, un fonctionnaire spécial était chargé de rassembler et de communiquer au public les lois de douane et de commerce des nations étrangères, nous savons que, vers 1800, existait, au Ministère de la justice, un Bureau de législation étrangère. Ce service n'eut qu'une durée éphémère, mais il a laissé une trace de son existence dans la publication suivante :

Code général pour les États prussiens, traduit par les membres du Bureau de législation étrangère et publié par l'ordre du Ministère de la justice de France. — 5 tomes in-8°; Paris, ans ix et x de la République (1801-1802).

Au cours de la session extraordinaire de 1869, un député, M. Mathieu (de la Corrèze), proposa au Corps législatif d'inscrire au budget du Ministère de la justice « la somme nécessaire pour créer un Bureau de législation comparée ».

Dès l'avènement du Gouvernement de la Défense nationale, M. F. Hérold, secrétaire général du Ministère de la justice, pria M. Duvergier, directeur des affaires civiles, d'étudier et préparer un projet de création d'un Bureau de législation, qui devrait « réunir, collectionner, analyser les actes législatifs de la France et des pays étrangers, ainsi que les publications et documents de tout genre pouvant servir à l'amélioration de la législation ». Quelques jours plus tard, un arrêté en date du 6 décembre 1870, signé par M. Emmanuel Arago, instituait au Ministère de la justice « un Bureau spécial, dit de législation comparée, où seraient centralisés les actes et documents législatifs des pays étrangers ».

Ce Bureau devait donner communication au public, sans déplacement, des documents qu'il possédait.

Une Commission de jurisconsultes était instituée pour diriger, au besoin, les recherches de ce Bureau et éclairer le Ministre sur les questions dont il jugerait à propos de la saisir. Un second arrêté, en date du 1er février 1871, désigna les premiers membres de cette Commission, auprès de laquelle le chef du Bureau de législation comparée et le chef du Bureau de la statistique devaient remplir les fonctions de secrétaires.

En 1876, sur la proposition de M. Ribot, secrétaire général du Ministère de la justice, M. le Garde des Sceaux Dufaure signait un arrêté, en date du 27 mars, instituant au Ministère de la justice une Collection des lois étrangères et constituant un Comité chargé de « donner son avis sur le mode de formation de cette collection, de veiller au classement et à la conservation des documents qui doivent y figurer et, en outre, de signaler au Garde des sceaux les lois étrangères dont il lui paraît utile de publier les traductions ». Un second arrêté, en date du même jour, nomma les membres de ce Comité et désigna, pour remplir auprès de lui les fonctions de secrétaires, avec voix consultative, MM. Gonse, chef du Bureau de législation et d'administration, et Yvernès, chef du Bureau de la statistique. Un crédit fut inscrit, avec affectation spéciale, au budget du Ministère de la justice pour les dépenses de la Collection des lois étrangères. Fixé d'abord à 25,000 francs, puis réduit à 20,000 francs, ce crédit s'élève actuellement à 22,000 francs.

Enfin, par l'article 46 de la loi de finances du 26 décembre 1908, le Service de la Collection des lois étrangères a été transformé en un Office de législation étrangère et de droit international, relevant du Ministère de la justice, investi de la personnalité civile, pouvant comme tel recevoir des dons et des legs.

II

ATTRIBUTIONS DE L'OFFICE.

L'Office de législation étrangère et de droit international a pour attributions :

1° De centraliser et de mettre à la disposition du public les actes et documents législatifs des pays étrangers, de conserver, entretenir et accroître la collection des ouvrages de droit international et de droit comparé et étranger, instituée au Ministère de la justice par l'arrêté du 27 mars 1876 ;

2° De poursuivre la publication de la Collection des principaux codes étrangers, et d'entreprendre toutes traductions et tous travaux se rattachant à la législation comparée ou au droit international ;

3° De rédiger, sur la demande du Garde des sceaux, des notes en réponse aux questions de législation comparée ou de droit international qui lui sont posées ;

4° De fournir aux administrations publiques, aux corps judiciaires, aux commissions parlementaires des indications sur les traités et les lois étrangères ;

5° De délivrer à tous intéressés des copies, certifiées conformes, des textes des lois étrangères ou des traités ;

6° D'établir des relations avec les Gouvernements étrangers, les administrations, les associations et institutions scientifiques de la France et des autres pays, en vue de remplir son objet ;

7° De contribuer, d'une manière générale, au progrès de la législation et au développement du droit international.

III

BIBLIOTHÈQUE DE L'OFFICE.

La mission confiée au Comité de législation étrangère par l'arrêté du 27 mars 1876 avait un double objet : d'abord, réunir une collection des législations de tous les pays; en second lieu, faire traduire et publier les codes récemment promulgués à l'étranger.

C'est à la première de ces tâches que s'attacha d'abord le Comité. Trois ans à peine après sa création, il publiait une première édition de son catalogue (1879), qui comptait 1,664 numéros comprenant près de 5,000 volumes. Une seconde édition, donnée en 1889, renfermait 4,062 numéros, comprenant plus de 18,000 volumes. Un supplément, paru en 1902, comprenait 4,054 numéros nouveaux et environ 18,000 volumes, ce qui, avec la suite des collections de l'ancien fonds, portait le total des ouvrages à 8,116 et celui des volumes à environ 40,000. En tenant compte des accroissements depuis 1902, on peut affirmer que les collections de droit international et de législation étrangère, mises par l'Office à la disposition du public, dépassent actuellement 12,000 ouvrages correspondant à plus de 50,000 volumes. C'est une collection vraisemblablement unique en son genre, où sont représentées plus de trois cents législations distinctes et contenant des ouvrages écrits en plus de trente langues différentes.

Les acquisitions sont dues aux achats méthodiques des bibliothécaires, à la gratitude des auteurs qui offrent à l'Office les œuvres dont ils ont puisé les éléments dans ses collections, à la libéralité des Gouvernements étrangers avec lesquels l'Office a organisé un service régulier d'échanges, au bienveillant intermédiaire du corps diplomatique, au zèle des correspondants officiels de l'Office près diverses chancelleries.

Les accroissements considérables de la vaste collection de droit international et de législation étrangère mise par l'Office à la disposition du public ont eu pour conséquence une augmentation notable dans le nombre des lecteurs qui viennent la consulter. Elle est très fréquemment visitée par les savants, français ou étrangers, les professeurs, les étudiants, les avocats, notaires, banquiers, hommes d'affaires, bref par tous ceux qui, pour des motifs d'ordre soit scientifique, soit pratique, ont besoin de connaître avec exactitude les textes législatifs en vigueur dans les pays étrangers et les traités ou conventions internationales, les travaux préparatoires, les commentaires doctrinaux et les jurisprudences qui s'y rattachent.

Le nombre des lecteurs dépasse 2,000 chaque année.

IV

PUBLICATIONS DE L'OFFICE.

TRADUCTIONS DES CODES ÉTRANGERS.

La seconde partie de la tâche confiée au Comité par l'arrêté de 1876 consistait à faire traduire et publier les codes étrangers, principalement ceux qui paraîtraient les plus intéressants par leur valeur scientifique ou leur intérêt pratique.

Cette tâche a été, comme la première, poursuivie méthodiquement. Les traductions sont exécutées d'après un plan uniforme. Chaque volume comprend une introduction historique, un glossaire des termes techniques, une notice bibliographique, des notes explicatives faisant ressortir les traits de la législation antérieure, les travaux préparatoires des nouveaux codes, le caractère et les motifs des modifications apportées aux anciennes lois, des références aux codes des autres pays, et se termine par une table analytique détaillée. L'impression est faite par les soins de l'Imprimerie nationale.

La compétence des traducteurs, dont le travail est contrôlé par un membre du Comité désigné comme commissaire-reviseur, a valu à cette collection une autorité universellement reconnue, et, dans des congrès internationaux de jurisconsultes, devant des tribunaux, même étrangers, on a vu citer telle traduction qui en fait partie dans les mêmes conditions, avec la même force probante que les textes originaux.

La Collection des codes étrangers, qui s'augmente chaque année, comprend aujourd'hui 28 volumes.

Elle renferme les traductions suivantes :

Code d'instruction criminelle autrichien de 1873, traduit et annoté par MM. Ed. Bertrand et Ch. Lyon-Caen, 1 vol. in-8°, 1875.

Code de commerce allemand de 1869 et loi allemande sur le change, traduits et annotés par MM. P. Gide, Ch. Lyon-Caen, J. Flach et J. Dietz, 1 vol. in-8°, 1881.

Code pénal des Pays-Bas de 1881, traduit et annoté par M. Willem-Joan Wintgens, 1 vol. in-8°, 1884.

Code de procédure pénale allemand de 1877, traduit et annoté par M. F. Daguin, 1 vol. in-8°, 1884.

Code d'organisation judiciaire allemand de 1877, traduit et annoté par M. L. Dubarle, 2 vol. in-8°, 1885.

Chartes coloniales et constitutions des États-Unis de l'Amérique du Nord, par M. A. Gourd, 3 vol. in-8°, 1885-1903.

Code pénal hongrois des crimes et des délits de 1878 et Code pénal hongrois des contraventions de 1879, traduits et annotés par MM. P. Dareste et C. Martinet, 1 vol. in-8°, 1885.

Code de procédure civile allemand de 1877, traduit et annoté par MM. E. Glasson, E. Lederlin et F.-R. Dareste, 1 vol. in-8°, 1887.

Loi anglaise de 1883 sur la faillite, traduite et annotée par M. Ch. Lyon-Caen, 1 vol. in-8°, 1888.

Code de commerce portugais de 1888, traduit et annoté par M. E. Lehr, 1 vol. in-8°, 1889.

Lois françaises et étrangères sur la propriété littéraire et artistique, par MM. Ch. Lyon-Caen et P. Delalain, 2 vol. in-8°, 1889. Supplément de 1890-1895.

Code pénal italien de 1889, traduit, annoté et précédé d'une introduction par M. Jean Lacointa, 1 vol. in-8°, 1890.

Code civil du canton de Zurich de 1887, traduit et annoté par M. E. Lehr, 1 vol. in-8°, 1890.

Code général des biens pour la principauté de Monténégro de 1888, traduit par MM. R. Dareste et A. Rivière, 1 vol. in-8°, 1892.

Code d'organisation judiciaire de l'empire de Russie de 1864 (édition de 1883 avec le supplément de 1890), traduit et annoté par M. le comte Jean Kapnist, 1 vol. in-8°, 1893.

Lois maritimes scandinaves (Suède-Danemark-Norvège), traduites et annotées par M. L. Beauchet, 1 vol. in-8°, 1895.

Code civil portugais de 1867, traduit et annoté par MM. G. Laneyrie et J. Dubois, 1 vol. in-8°, 1896.

Code de procédure criminelle espagnol de 1882, traduit et annoté par MM. G. Verdier et J. Depeiges, 1 vol. in-8°, 1898.

Code civil allemand, traduit et annoté par MM. C. Bufnoir, Cazelles, J. Challamel, J. Drioux, F. Gény, P. Hamel, H. Lévy-Ullmann, R. Saleilles, 3 vol. in-8°, 1904-1908.

Code pénal du royaume de Siam de 1908, version française, avec une introduction et des notes, par M. G. Padoux, 1 vol. in-8°, 1909.

La traduction du code civil allemand doit se terminer par un quatrième volume, actuellement sous presse, qui contiendra la loi d'introduction. Parmi les publications en préparation figure notamment la traduction du nouveau code de commerce allemand, dont les auteurs seront MM. Lyon-Caen et Thaller.

V

L'OFFICE CENTRE DE DOCUMENTATION,

BUREAU DE RENSEIGNEMENTS

ET DE CONSULTATIONS.

Aux attributions anciennes qui, depuis 1876, n'ont cessé de se développer, des attributions nouvelles sont venues s'adjoindre.

Il n'est presque pas de jour où des documents et des renseignements ne soient demandés à l'Office de législation étrangère et de droit international, soit par la Chancellerie et les autres Ministères, soit par les membres de la Chambre et du Sénat, par les Commissions parlementaires ou extraparlementaires. L'usage de plus en plus suivi de faire, dans l'étude de toute réforme législative ou administrative, une large place à l'examen des législations étrangères, suffit à expliquer l'importance et le nombre des travaux que l'Office est appelé à accomplir.

Enfin, le développement chaque jour plus grand des rapports entre les peuples civilisés, le nombre croissant des questions de droit international que les tribunaux sont appelés à juger, particulièrement dans un pays comme la France, où les étrangers, résidant temporairement ou domiciliés, sont de plus en plus nombreux, nécessitent pour les magistrats la possibilité d'avoir sous les yeux des extraits authentiques des textes législatifs étrangers et des documents sur la jurisprudence étrangère, ou les traités et conventions internationales. C'est encore à l'Office de législation étrangère qu'en fait ces textes et ces documents sont le plus souvent demandés, parce qu'il se trouve seul, par ses collections, en état de les fournir.

D'ailleurs, l'Office ne se borne pas à délivrer des certificats attestant l'existence et la teneur des lois. Consulté par le Gouvernement, il est fréquemment appelé à examiner des questions controversées de droit étranger ou de droit international, public et privé, et rédige alors de véritables consultations.

« Tout à la fois Bibliothèque de législation étrangère, largement ouverte au public, — Centre de publications concernant les principaux textes législatifs et la législation comparée, — Bureau de renseignements fréquemment démandés par les divers Ministères, par la Chambre et le Sénat, par les tribunaux [1] », — l'Office de législation étrangère et de droit international représente, pour la connaissance et la preuve des lois étrangères et des traités, l'organisation la plus ancienne et la plus complète qui existe dans aucun pays. En 1887, devant l'Institut de droit international réuni à Heidelberg, M. Lyon-Caen estimait qu'elle « répondait à toutes les nécessités [2] ».

[1] Rapport de M. Antoine Perrier, sénateur, à la Commission des finances du Sénat sur le budget du Ministère de la justice pour l'exercice 1909.

[2] *Annuaire de l'Institut de Droit international*, t. IX, p. 309, 310.

VI

COMPOSITION DU COMITÉ

DE L'OFFICE DE LÉGISLATION ÉTRANGÈRE

ET DE DROIT INTERNATIONAL.

MM.

Président :

Aucoc (Léon), membre de l'Institut, ancien président de section au
Conseil d'État.

Membres de droit :

Lecherbonnier, directeur des affaires civiles et du sceau au Ministère
de la justice ;

Deligne, directeur des affaires criminelles et des grâces ;

Lescouvé, directeur du cabinet et du personnel ;

Tirard, chef du cabinet du Garde des sceaux, Ministre de la justice.

Membres :

Bard (A.), président de chambre à la Cour de cassation ;

Dareste (R.), membre de l'Institut ;

Falcimaigne (C.), conseiller à la Cour de cassation ;

Flach (J), professeur au Collège de France et à l'École libre des
sciences politiques ;

Grunebaum-Ballin, directeur adjoint du cabinet du Président du
conseil, Ministre de l'intérieur et des cultes ;

Loew (L.), premier président honoraire à la Cour de cassation ;

Lyon-Caen (C.), membre de l'Institut, ancien doyen de la Faculté
de droit de l'Université de Paris ;

MM.

Preux (J.), ancien secrétaire du Comité de législation étrangère ;

Renault (L.), membre de l'Institut, professeur à la Faculté de droit de Paris, juriconsulte du Ministère des affaires étrangères ;

Ribot (A.), de l'Académie française, sénateur, ancien Président du conseil ;

Tanon (L.), président de chambre à la Cour de cassation.

Secrétaire :

Dubois (J.), avocat, docteur en droit, chef de l'Office et conservateur de la bibliothèque.

Secrétaires adjoints :

Oudin (E.), licencié en droit, bibliothécaire de l'Office ;

Cote (J.), licencié en droit, rédacteur-traducteur.

OFFICE DE LÉGISLATION ÉTRANGÈRE
ET DE DROIT INTERNATIONAL.

Catalogue de la bibliothèque du Comité de législation étrangère, 1 vol. in-8°, 1889. Supplément, 1 vol. in-8°, 1903.

COLLECTION DES PRINCIPAUX CODES ÉTRANGERS.

Code d'instruction criminelle autrichien de 1873, traduit et annoté par MM. Ed. Bertrand et Ch. Lyon-Caen, 1 vol. in-8°, 1875.

Code de commerce allemand de 1869 et loi allemande sur le change, traduits et annotés par MM. P. Gide, Ch. Lyon-Caen, J. Flach et J. Dietz, 1 vol. in-8°, 1881.

Code pénal des Pays-Bas de 1881, traduit et annoté par M. Willem-Joan Wintgens, 1 vol. in-8°, 1884.

Code de procédure pénale allemand de 1877, traduit et annoté par M. F. Daguin, 1 vol. in-8°, 1884.

Code d'organisation judiciaire allemand de 1877, traduit et annoté par M. L. Dubarle, 2 vol. in-8°, 1885.

Chartes coloniales et constitutions des États-Unis de l'Amérique du Nord, par M. A. Gourd, 3 vol. in-8°, 1885-1903.

Code pénal hongrois des crimes et des délits de 1878 et Code pénal hongrois des contraventions de 1879, traduits et annotés par MM. P. Dareste et C. Martinet, 1 vol. in-8°, 1885.

Code de procédure civile allemand de 1877, traduit et annoté par M. E. Glasson, E. Lederlin et F.-R. Dareste, 1 vol. in-8°, 1887.

Loi anglaise de 1883 sur la faillite, traduite et annotée par M. Ch. Lyon-Caen, 1 vol. in-8°, 1888.

Code de commerce portugais de 1888, traduit et annoté par M. E. Lehr, 1 vol. in-8°, 1889.

Lois françaises et étrangères sur la propriété littéraire et artistique, recueillies par MM. Ch. Lyon-Caen et P. Delalain, 2 vol. in-8°, 1889. Supplément de 1890-1895.

Code pénal italien de 1889, traduit, annoté et précédé d'une introduction par M. J. Lacointa, 1 vol. in-8°, 1890.

Code civil du canton de Zurich de 1887, traduit et annoté par M. E. Lehr, 1 vol. in-8°, 1890.

Code général des biens pour la principauté de Monténégro de 1888, traduit par MM. R. Dareste et A. Rivière, 1 vol. in-8°, 1892.

Code d'organisation judiciaire de l'empire de Russie de 1864 (édition de 1883 avec le supplément de 1890), traduit et annoté par M. le comte Jean Kapnist, 1 vol. in-8°, 1893.

Lois maritimes scandinaves (Suède-Danemark-Norvège), traduites et annotées par M. L. Beauchet, 1 vol. in-8°, 1895.

Code civil portugais de 1867, traduit et annoté par MM. G. Laneyrie et J. Dubois, 1 vol. in-8°, 1896.

Code de procédure criminelle espagnol de 1882, traduit et annoté par MM. G. Verdier et J. Depeiges, 1 vol. in-8°, 1898.

Code civil allemand, traduit et annoté par MM. C. Bufnoir, Cazelles, J. Challamel, J. Drioux, F. Gény, P. Hamel, H. Lévy-Ullmann, R. Saleilles, 3 vol. in-8°, 1904-1908.

Code pénal du royaume de Siam de 1908, version française, avec une introduction et des notes, par M. G. Padoux, 1 vol. in-8°, 1909.